Milet Picture Dictionary
English·Russian

Milet Publishing
Smallfields Cottage, Cox Green
Rudgwick, Horsham, West Sussex
RH12 3DE
info@milet.com
www.milet.com
www.milet.co.uk

First published by Milet Publishing Ltd in 2003
Text © Sedat Turhan 2003
Illustrations © Sally Hagin 2003
© Milet Publishing 2003

ISBN 9781840593587

Printed and bound in Turkey by Metro Printing, November 2019.

Milet Picture Dictionary
English·Russian

Text by **Sedat Turhan**

Illustrations by **Sally Hagin**

COLOURS/COLORS
ЦВЕТА

red
красный

orange
оранжевый

yellow
желтый

green
зеленый

blue
синий

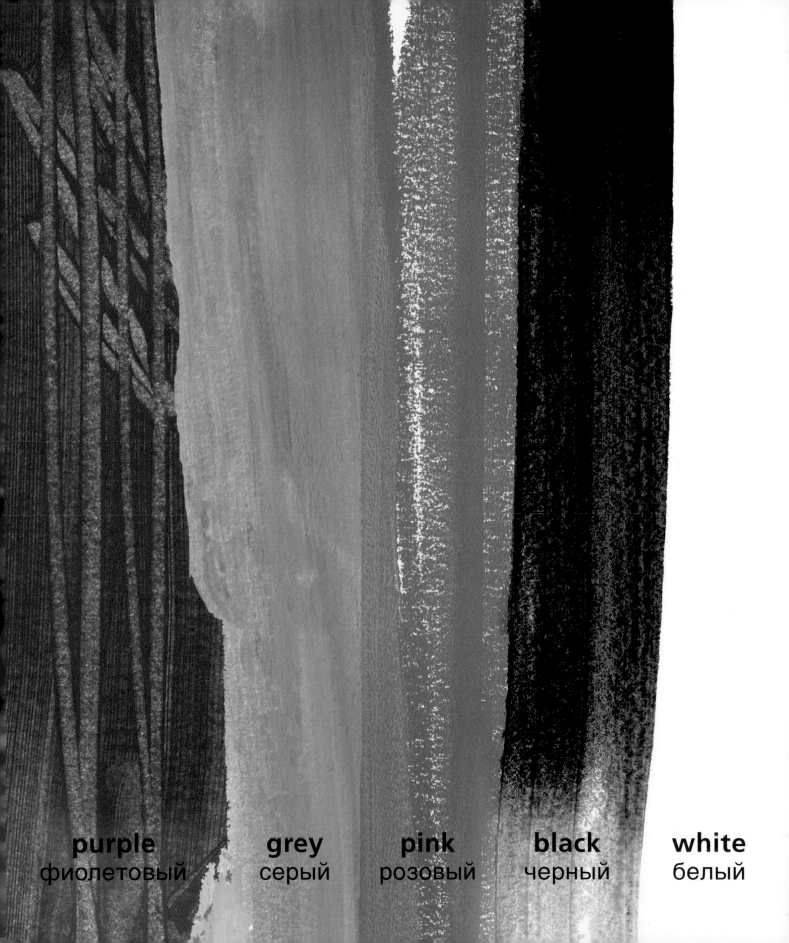

purple
фиолетовый

grey
серый

pink
розовый

black
черный

white
белый

PLANTS
РАСТЕНИЯ

tree
дерево

orchid
орхидея

rose
роза

sunflower
подсолнечник

daisy
маргаритка

tulip
тюльпан

grass
трава

lily
лилия

branch
ветка

daffodil
нарцисс

leaf
лист

watering can
лейка

cactus
кактус

plant pot
горшок для растений

FRUIT
ФРУКТЫ

cherry
вишня

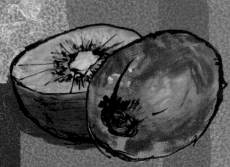

kiwi
киви

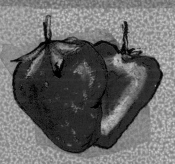

apricot
абрикос

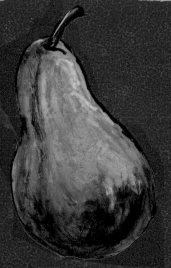

pear
груша

fig
инжир

peach
персик

strawberry
клубника

banana
банан

mango
манго

orange
апельсин

apple
яблоко

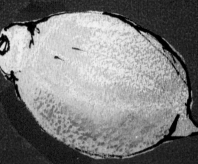

lemon
лимон

blueberry
голубика

grapes
виноград

avocado
авокадо

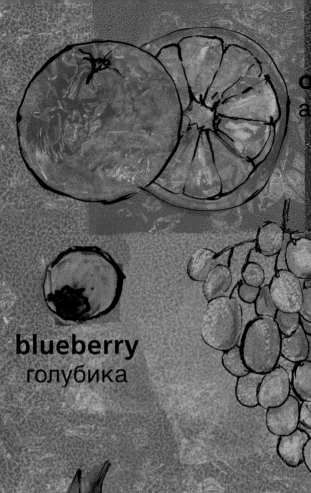

raspberry
малина

grapefruit
грейпфрут

pineapple
ананас

ANIMALS
ЖИВОТНЫЕ

lion
лев

zebra
зебра

giraffe
жираф

tiger
тигр

elephant
слон

polar bear
полярный медведь

penguin
пингвин

duck
утка

cow
корова

rooster
петушок / петух

sheep
овца

goat
коза

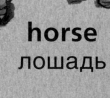

horse
лошадь

ANIMALS & INSECTS
ЖИВОТНЫЕ И НАСЕКОМЫЕ

bird
птица

cat
кошка

dog
собака

rabbit
кролик

frog
лягушка

crab
краб

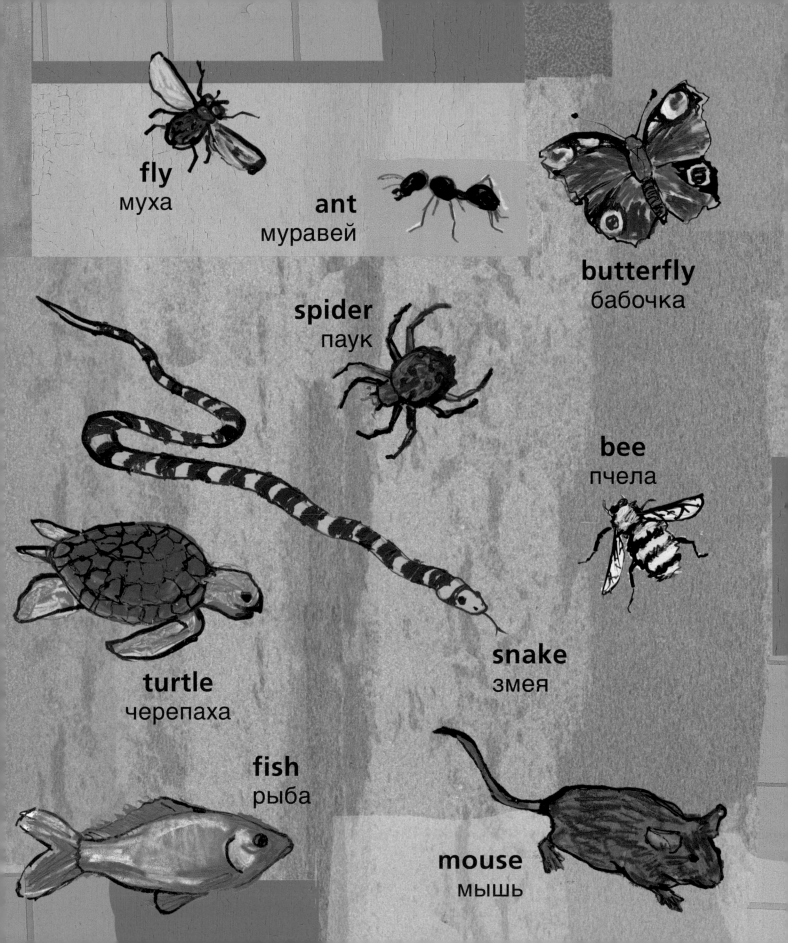

fly
муха

ant
муравей

butterfly
бабочка

spider
паук

bee
пчела

turtle
черепаха

snake
змея

fish
рыба

mouse
мышь

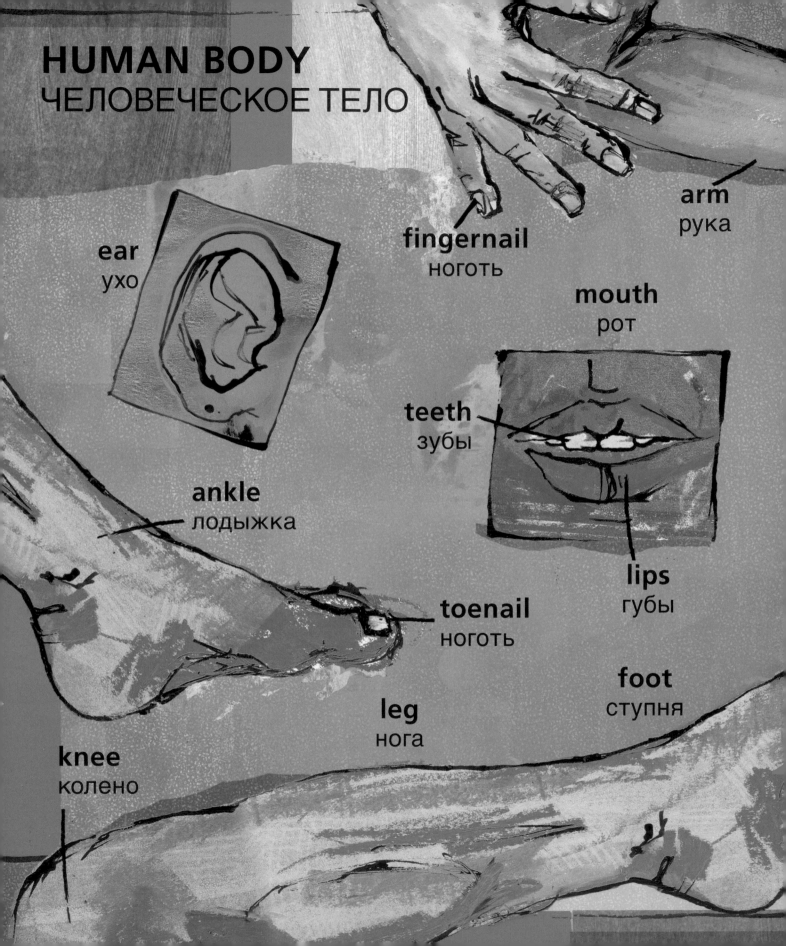

HUMAN BODY
ЧЕЛОВЕЧЕСКОЕ ТЕЛО

fingernail
ноготь

arm
рука

ear
ухо

mouth
рот

teeth
зубы

ankle
лодыжка

lips
губы

toenail
ноготь

foot
ступня

leg
нога

knee
колено

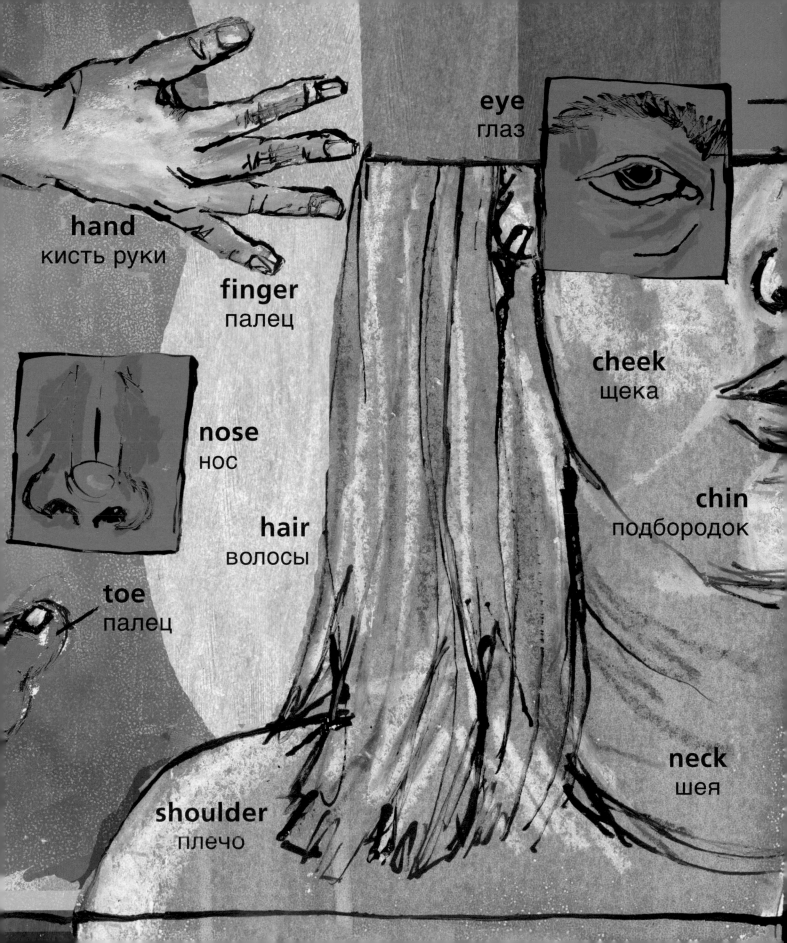

hand
кисть руки

finger
палец

eye
глаз

cheek
щека

chin
подбородок

nose
нос

hair
волосы

toe
палец

shoulder
плечо

neck
шея

HOUSE & LIVING ROOM
ДОМ И ГОСТИНАЯ

roof
крыша

chimney
труба

house
дом

door
дверь

armchair
кресло

key
ключ

candle
свечка

light bulb
лампочка

picture
картина

bookshelf
полка для книг

cabinet
горка

window
окно

curtain
занавеска

vase
ваза

sofa
диван

lamp
лампа

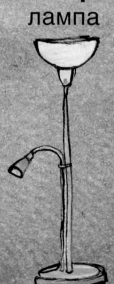

side table
столик

KITCHEN
КУХНЯ

bowl
миска

glass
стакан

refrigerator
холодильник

plate
тарелка

napkin
салфетка

teapot
чайник

cup
чашка

table
стол

chair
стул

spoon
ложка

knife
нож

fork
вилка

frying pan
сковородка

saucepan
кастрюля

oven mitt
прихватки

dishcloth
кухонное
полотенце

toaster
тостер

stove
плита

sink
раковина

oven
духовка

VEGETABLES
ОВОЩИ

potato
картофель

green bean
зеленая фасоль

mushroom
грибы

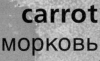

carrot
морковь

asparagus
спаржа

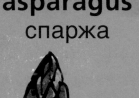

onion
лук

pumpkin
тыква

peas
горох

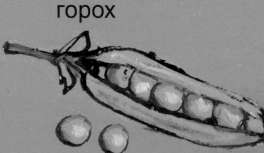

broccoli
брокколи

tomato
помидор

radish
редис

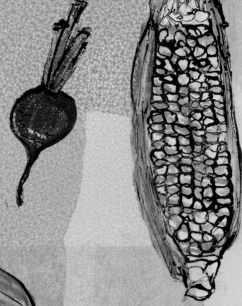

corn
кукуруза

garlic
чеснок

cucumber
огурец

pepper
перец

cauliflower
цветная капуста

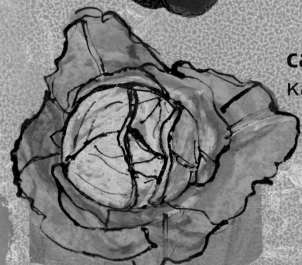

cabbage
капуста

FOOD
ПРОДУКТЫ ПИТАНИЯ

sandwich
бутерброд

bread
хлеб

cheese
сыр

milk
молоко

butter
сливочное масло

honey
мед

jam
джем

egg
яйцо

cereal
кукурузные
хлопья

raisins
изюм

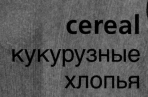

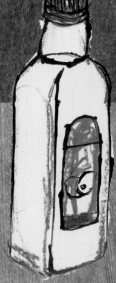

oil
масло

fries
жареный
картофель

fruit juice
фруктовый сок

spaghetti
спагетти

chocolate
шоколад

cake
пирожное

ice cream
мороженое

BATHROOM
ВАННАЯ КОМНАТА

mirror
зеркало

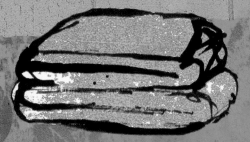

towel
полотенце

sink
умывальник

toilet paper
туалетная бумага

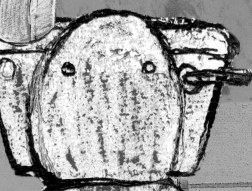

toilet
туалет

bathroom cabinet
шкафчик

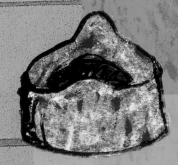

potty
ночной горшок

hairbrush
щетка для волос

hairdryer
фен

shower
душ

comb
расческа

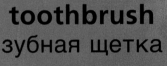

toothpaste
зубная паста

shampoo
шампунь

conditioner
кондиционер

toothbrush
зубная щетка

soap
мыло

bathtub
ванна

BEDROOM
СПАЛЬНЯ

bed
кровать

alarm clock
будильник

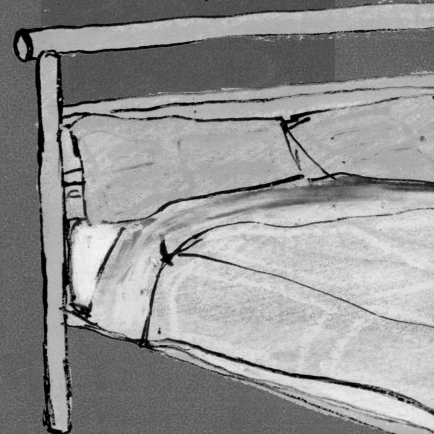

bedside table
ночной столик

hanger
вешалка

rug
коврик

wardrobe
платяной шкаф

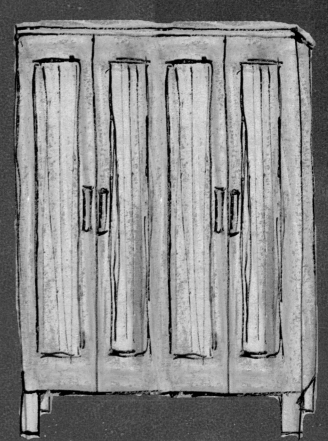

pillow
подушка

bed cover
покрывало

sheet
простыня

blanket
одеяло

CLOTHING
ОДЕЖДА

umbrella
зонтик

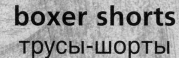

button
пуговица

gloves
перчатки

glasses
очки

boxer shorts
трусы-шорты

T-shirt
маечка

underpants
трусы

hat
шляпа

jacket
жакет /
пиджак

sweater
свитер

slippers
шлепанцы

scarf
шарф

backpack
рюкзак

skirt
юбка

shirt
рубашка

handbag
сумка

socks
носки

belt
пояс / ремень

jeans
джинсы

pyjamas
пижама

shoes
туфли

shorts
шорты

COMMUNICATIONS
СВЯЗЬ

telephone
телефон

television
телевизор

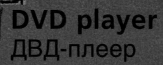

DVD player
ДВД-плеер

video recorder
видеомагнитофон

remote control
дистанционное
управление

stereo
стереосистема

camera
фотоаппарат

video camera
видео камера

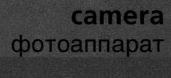

TOOLS
ИНСТРУМЕНТЫ

screwdriver
отвертка

screw
винт

saw
ручная
пила

stepladder
стремянка

nail
гвоздь

drill
электродрель

hammer
молоток

shovel
лопата

vacuum cleaner
пылесос

paint
краска

SCHOOL & OFFICE
ШКОЛА И ОФИС

pencil
карандаш

glue stick
клей

book
книга

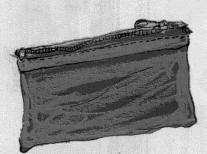

marker
маркер

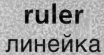 

stamp
марка

ruler
линейка

pencil sharpener
точилка

pencil case
пенал

crayon
цветные карандаши

globe
глобус

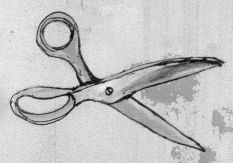

scissors
ножницы

calculator
калькулятор

stapler
сшиватель

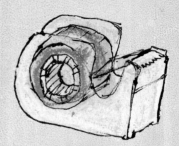

tape
скотч

paints
краски

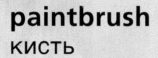

paintbrush
кисть

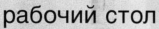

pen
ручка

envelope
конверт

computer
компьютер

desk
рабочий стол

notebook
блокнот

NUMBERS
ЦИФРЫ

one
один

two
два

three
три

four
четыре

five
пять

six
шесть

seven
семь

eight
восемь

nine
девять

ten
десять

SHAPES
ФОРМЫ

hexagon
шестиугольник

rectangle
прямоугольник

square
квадрат

oval
овал

circle
круг

triangle
треугольник

octagon
восьми
угольник

MUSICAL INSTRUMENTS
МУЗЫКАЛЬНЫЕ ИНСТРУМЕНТЫ

flute
флейта

guitar
гитара

violin
скрипка

saxophone
саксофон

bongos
бонго

clarinet
кларнет

drums
барабан

trumpet
труба

piano
пианино

xylophone
ксилофон

SPORTS & GAMES
СПОРТ И ИГРЫ

skateboard
скейтборд

video games
видеоигры

cards
игральные
карты

**football /
soccer ball**
футбол

ice skates
коньки

rollerblades
роликовые коньки

skis
лыжи

chess
шахматы

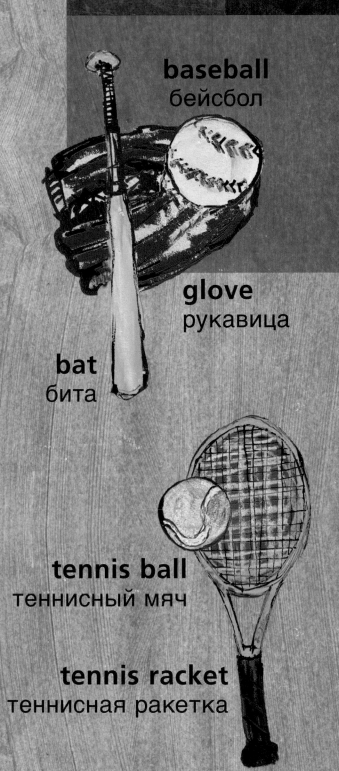

baseball
бейсбол

glove
рукавица

bat
бита

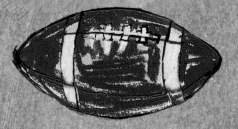

basketball
баскетбол

American football
американский футбол

tennis ball
теннисный мяч

tennis racket
теннисная ракетка

cricket ball
мяч для игры в крикет

cricket bat
бита для игры в крикет

TRANSPORTATION & TRAVEL
ТРАНСПОРТ И ПУТЕШЕСТВИЯ

boat
лодка

bicycle
велосипед

train
поезд

car
машина

motorcycle
мотоцикл

ambulance
скорая помощь

helicopter
вертолет

plane
самолет

fire engine
пожарная машина

bus
автобус

truck
грузовик

tractor
трактор

SEASIDE
ПЛЯЖ

ball
мяч

sky
небо

beach towel
купальное полотенце

swimsuit
купальный костюм

beach bag
пляжная сумка

sunglasses
солнцезащитные
очки

sunscreen
солнцезащитный
крем

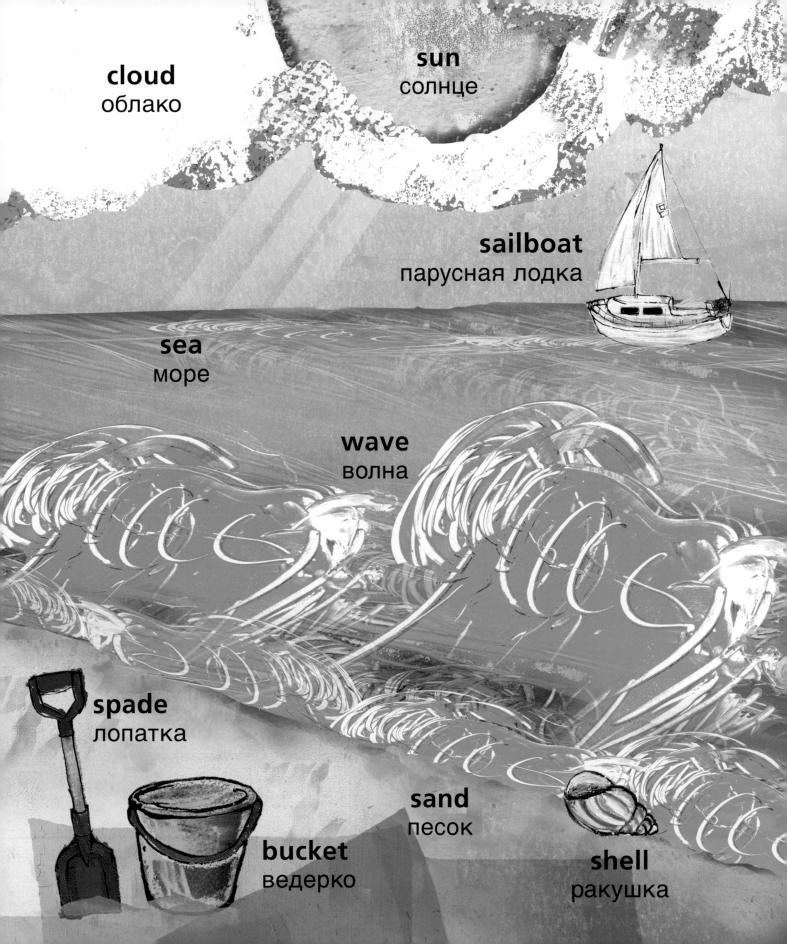

cloud
облако

sun
солнце

sailboat
парусная лодка

sea
море

wave
волна

spade
лопатка

bucket
ведерко

sand
песок

shell
ракушка